ES SCHLEIMT, KRACHT UND STINKT!

COOLE UND EKLIGE EXPERIMENTE

Kris Hirschmann
Illustriert von Santy Gutiérrez

ISBN 978-3-8094-4142-7

1. Auflage

Umschlaggestaltung: Atelier Versen, Bad Aibling
Layout: Kevin Knight
Projektkoordination dieser Ausgabe: Birte Dittmann
Übersetzung: Dr. Ulrike Kretschmer, München
Satz und Redaktion: Dr. Alex Klubertanz, Garmisch-Partenkirchen

Printed in China

MIX
Papier aus verantwortungsvollen Quellen
FSC® C008047

Danksagung

Der Verlag dankt den folgenden Agenturen für die freundliche Genehmigung zur Verwendung ihrer Bilder.

Bildnachweis

(o=oben, u=unten, l=links, r=rechts, M=Mitte)

Alamy

9M Simon Perkin (Commercial), 13or PJF Military Collection, 23M Science Photo Library, 46l Dragan Zivkovic, 49ur Carolyn Jenkins, 53l Ikon Images

Shutterstock

3ur Yulia Glam, 8ol Kevin Tavares, 16ol Anneka, 16ul Eric Isselee, 19or wildestanimal, 25ul Jorge Salcedo, 26ol Samet Guler, 26ul Piotr Wawrzyniuk, 29ol Sylvia Kania, 29ur fboudrias, 32or Daniela Pelazza, 36M trgrowth, 38ol Satirus, 38or nexus 7, 38M 3445128471, 38uM Basileus, 39l Africa Studio, 43or KaliAntye, 43ur sarocha wangdee, 46u Iakov Filimonov, 47ur MikeBraune, 49or Tony Thiethoaly, 50ul Anton Prado PHOTO, 52or TroobaDoor, 52u CKP1001, 54r Alexander Lobanov, 54l f/stop, 54M Winston Link, 57ol Holly Kuchera, 58-59uM serenarossi, 61r Andrea Izzotti, 61u Jose Ignacio Soto

Inhalt

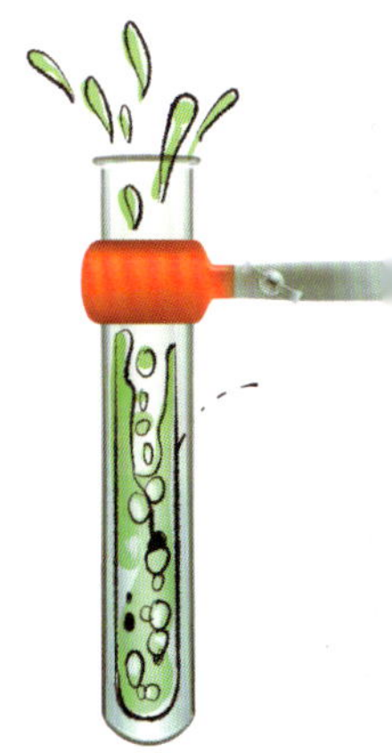

✱ = Wissenschaftliches Experiment

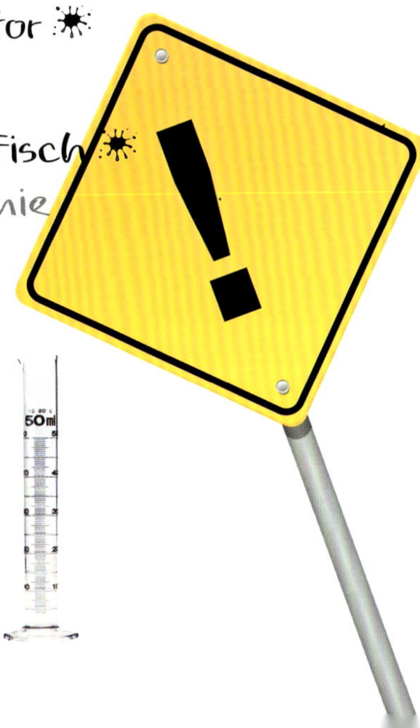

Jetzt wird's eklig!

Wenn ihr an Wissenschaftler bei der Arbeit denkt, denkt ihr dann auch an ein blitzsauberes Labor? Weiße Kittel? Eine keimfreie Umgebung? Nun, das muss nicht sein!

Wir zeigen euch, dass Wissenschaft auch anders geht: Hier schleimt's, klebt's und stinkt's, hier ist alles eklig, hier herrscht das Durcheinander. Mit anderen Worten: eine Wissenschaft, die Spaß macht!

Und das Coolste daran: ES IST IMMER NOCH WISSENSCHAFT. Das heißt, ihr könnt nicht nur verrückte Experimente durchführen, sondern lernt ganz nebenbei auch noch etwas. Zum Beispiel warum Schleim schleimig ist, warum Pflanzen zu klebrigen Pfützen verrotten oder warum manches echt fies riecht. Eine wahrhaft epische Reise ins Land des Igitt.

Kann's losgehen? Haben wir uns gedacht! Dann lest die Laborregeln auf der nächsten Seite und stürzt euch ins Vergnügen. Ach ja, eins noch: Ihr braucht vielleicht eine Wäscheklammer für die Nase …

LABORREGELN

REGEL 1

Bittet immer erst einen Erwachsenen um Erlaubnis, bevor ihr die Experimente durchführt. Und lasst euch von einem Erwachsenen helfen, wenn das so in der Anleitung steht. Dieser Punkt ist UNVERHANDELBAR.

REGEL 2

Ordnung halten! Arbeitet immer auf einer sauberen, ebenen Oberfläche, wenn möglich in der Nähe der Spüle. Legt den Arbeitsbereich vorher mit Zeitungspapier aus.

REGEL 3

Schleim und andere klebrige Endprodukte gehören nicht in die Spüle, sondern in den Mülleimer.

REGEL 4

Räumt auf, wenn ihr mit dem Experiment fertig seid.

REGEL 5

Und zum Schluss:
Hände waschen!

Erklärungen für Fachbegriffe findet ihr in dem kleinen Glossar auf Seite 63.

Magischer Schleim

Ah, eine Flüssigkeit! Halt, nein, es ist doch fest. MOMENT MAL – jetzt ist es wieder flüssig! Was denn jetzt? Nein, hier handelt es sich nicht um echte Zauberei, nur um ein bisschen verrückte Wissenschaft. Ein Schleim namens Oobleck begeistert Kinder und Erwachsene schon seit Jahrzehnten. Und jetzt bist du dran, deine Hände tief in diese klebrige, flüssige, nein feste, nein doch flüssige Pampe zu tauchen …

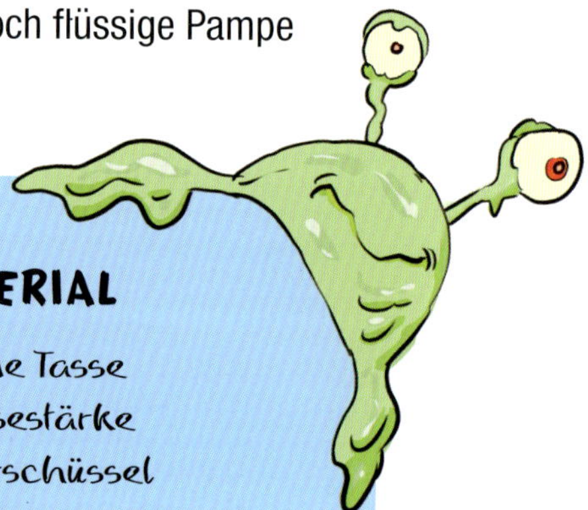

MATERIAL

- kleine Tasse
- Speisestärke
- Rührschüssel
- Wasser
- Lebensmittelfarbe
- Löffel zum Umrühren

So geht's:

1 Fülle die kleine Tasse randvoll mit Speisestärke. Nun kommt die Stärke in die Rührschüssel. Gib danach noch eine zweite Tasse Speisestärke in die Schüssel.

2 Fülle Wasser in dieselbe Tasse und gib mehrere Tropfen Lebensmittelfarbe hinein. Welche Farbe, bleibt dir überlassen.

Glibber, glitsch!

3 Gieße das gefärbte Wasser in die Schüssel.

4 Und nun heißt es: Mit dem Löffel kräftig umrühren! Das geht zuerst ganz leicht, wird aber immer schwerer. Am besten wird das Ergebnis, wenn du langsam rührst.

5 Wird die Pampe zu dick, gib noch etwas Wasser dazu. Ist sie zu dünn, nimm mehr Speisestärke.

6 Der magische Schleim ist fertig, wenn er eine glatte, dicke Pampe bildet, die man nur langsam umrühren kann.

Spielideen

Jetzt hast du deinen Oobleck hergestellt und kannst auch damit spielen! Also … äh … EXPERIMENTIEREN natürlich. Streng wissenschaftlich.

1 Tauche deine Hand tief in die Pampe. Jaaa, genau so! Nimm eine Handvoll von dem Zeug raus.

2 Rolle es zwischen den Händen, das ergibt eine feste Kugel.

3 Jetzt hör auf zu rollen – und schon schmilzt der Schleim!

4 Rolle den Glibber wieder zu einer Kugel und ziehe sie rasch auseinander. Der Schleim reißt wie Papier.

5 Und jetzt kommt's: Die beiden Teile schmelzen wieder zu einer Flüssigkeit!

Die Wissenschaft dahinter

Es liegt an der Form der Stärkemoleküle, dass sich magischer Schleim verhält, wie er sich verhält. Die Moleküle sind verzweigt, wie kleine Büsche. Übst du Druck auf den Schleim aus, werden die Moleküle zusammengequetscht und verheddern sich ineinander. Sie halten das Wasser zwischen ihren Zweigen fest. Dann kann sich nichts bewegen, und die Substanz verhält sich wie etwas Festes. Nimmst du den Druck weg, trennen sich die Moleküle und der Schleim ist wieder beweglich.

WAS PASSIERT, WENN …?

Stelle eine kleine Spielzeugfigur, z. B. eine Kuh, auf den magischen Schleim in der Schüssel. Was passiert? Bleibt sie stehen oder geht sie unter?

EXTRATIPP

Bewahre den Schleim für spätere Experimente im Kühlschrank auf. Ist er schon zu trocken, macht ihn ein bisschen Wasser wieder super pampig!

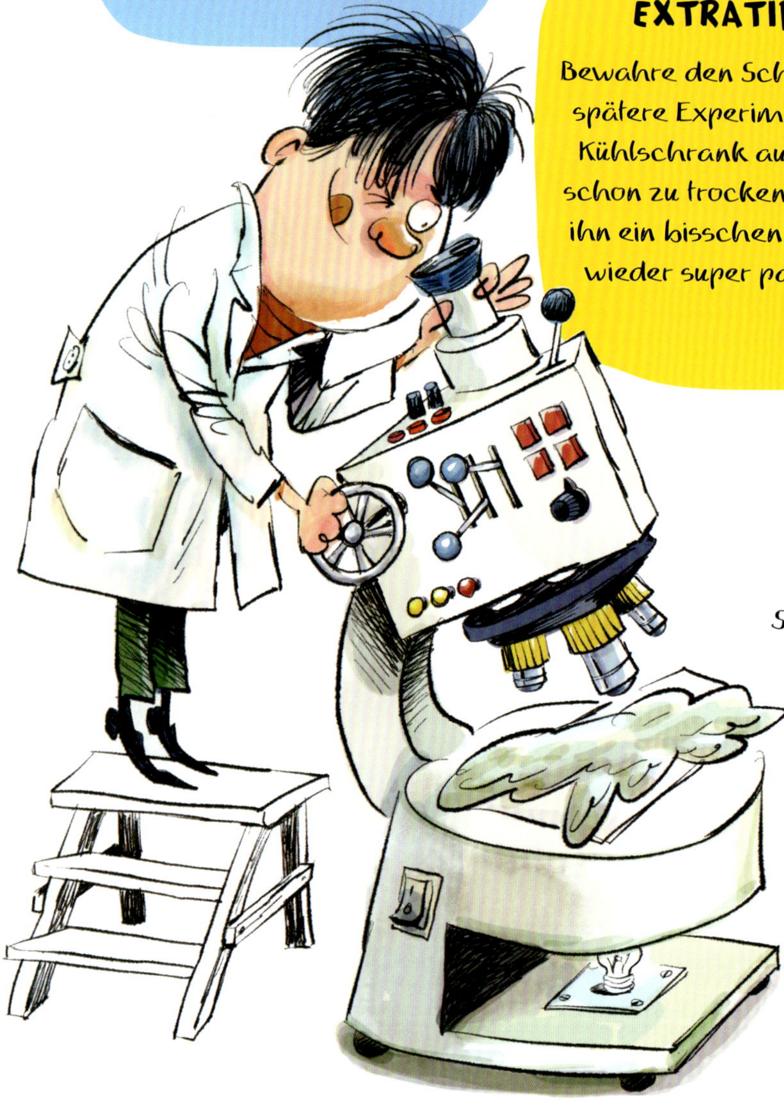

Treibsand

Treibsand verhält sich ganz ähnlich wie Oobleck. Er bildet sich, wenn unterirdisches Wasser aufsteigt und durch lose Erde oder Sand sickert. Normalerweise rutschen die festen Partikel aufgrund der Reibung nicht groß herum; trennt das Wasser sie jedoch, schwächt sich das Prinzip der Reibung ab. Und je schwächer die Reibung, desto rutschiger der Boden.

Treibsand entsteht aber nur, wenn genau die richtige Menge Wasser vorhanden ist. Ist der Boden nur ein bisschen feucht, hält sich die Reibung und der Boden bleibt fest. Ist der Boden andererseits zu nass, bildet sich eine Pfütze und die Partikel werden weggeschwemmt. Beim richtigen Abstand zwischen den Partikeln sieht der Boden fest aus – ist es aber nicht. Dann versinkt man darin.

Vor Hunderten von Jahren hat der Wissenschaftler Isaac Newton (1642–1727) beschrieben, wie sich Flüssigkeiten unter Druck verhalten. Verhalten sie sich anders, nennt man sie nichtnewtonsche Flüssigkeiten. Sowohl Oobleck als auch Treibsand gehören zu dieser Gruppe.

Flubber-Schleim

Wo wir schon mal beim Schleim sind – bleiben wir dabei! Der Schleim, den wir jetzt herstellen, verändert allerdings nicht seine Konsistenz. Er bleibt immer gleich glibberig, glitschig und absolut EKLIG! Das macht dir nichts aus? Dann kann's ja losgehen!

MATERIAL

- 120 ml PVA-Kleber (z. B. Holzleim)
- Rührschüssel
- ½ EL Natron
- Löffel zum Umrühren
- Lebensmittelfarbe
- ½ EL Kontaktlinsenflüssigkeit

So geht's:

1 Drücke den Kleber in die Schüssel. Gib das Natron dazu und rühre gut um.

2 Füge ein paar Tropfen Lebensmittelfarbe deiner Wahl hinzu und rühre noch einmal um.

3 Rühre dann die Kontaktlinsenflüssigkeit unter. Fast sofort bildet sich nun ein dicker Schleim.

4 Jetzt wird's richtig eklig: Hände in die Schüssel und KNETEN, KNETEN, KNETEN! Zuerst ist der Schleim ein bisschen feucht und klebrig. Beim Kneten arbeitest du die Feuchtigkeit in die Substanz ein. Und schon hast du einen glatten, seidigen Schleim. ECHT WIDERLICH! Ist das Ganze noch zu nass, gib etwas Kontaktlinsenflüssigkeit dazu.

EXTRATIPP

Damit dieses Experiment funktioniert, muss die Kontaktlinsenflüssigkeit sogenannte Borsäure enthalten. Sieh auf dem Etikett nach, um sicherzugehen.

Voll krass!

Spielideen

- Zieh den Schleim so weit auseinander, wie du kannst.

- Kannst du den Schleim mit einer Schere zerschneiden? (Kommt auf die Dicke an.)
- Du kannst mit einem Plätzchenausstecher verschiedene Formen ausstechen, aber sie werden nicht lange halten. Sie schmelzen zu klebrigen Pfützen.
- Wie beeinflusst die Temperatur den Schleim? Halte ihn unter eine Lampe und gib eine kleine Menge in den Kühlschrank. Welche Unterschiede kannst du feststellen?

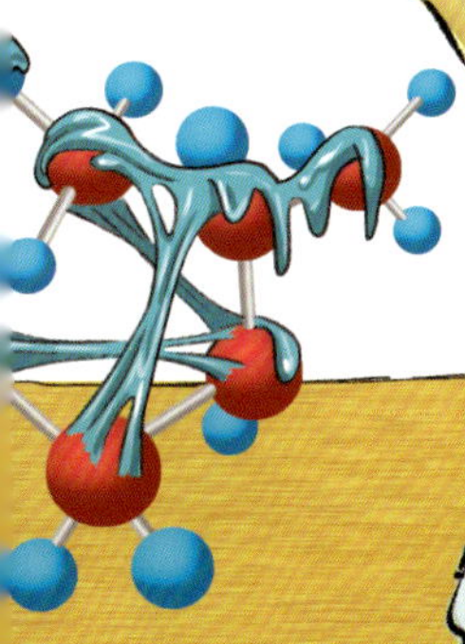

Die Wissenschaft dahinter

Bei deinem Flubber-Schleim sind drei verschiedene Substanzen aktiv:

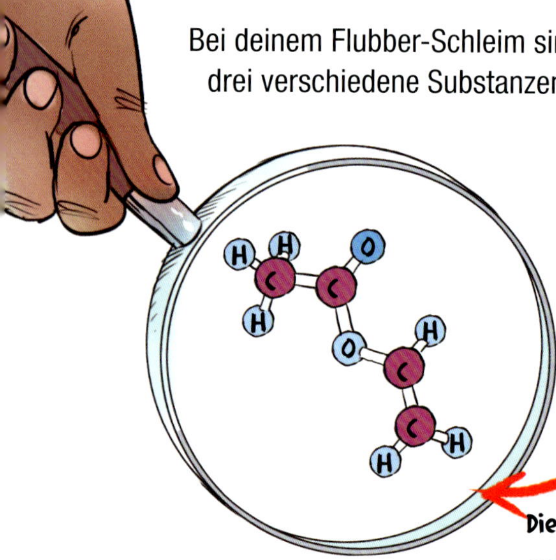

Der PVA-Kleber ist ein sogenanntes lineares Polymer: Seine Moleküle sind lang und sehen aus wie Schnüre oder Spaghetti.

Die Kontaktlinsenflüssigkeit enthält Borsäure. Sie ist mit einem Mineral namens Borax verwandt, das sich leicht in Wasser löst.

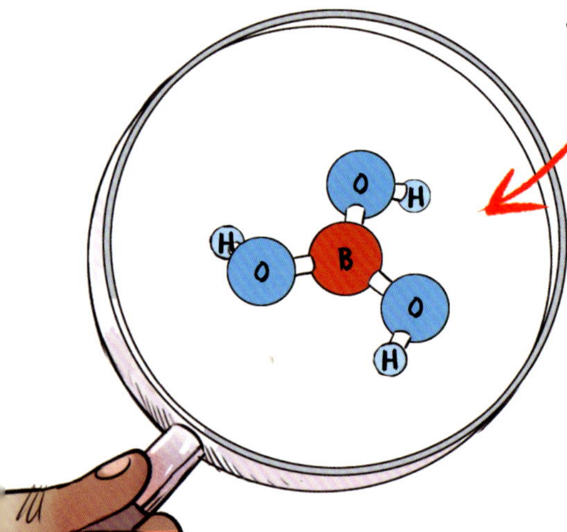

Das Wasser (in der Kontaktlinsen-flüssigkeit) enthält Wasserstoffatome, die sich gern an andere Dinge hängen.

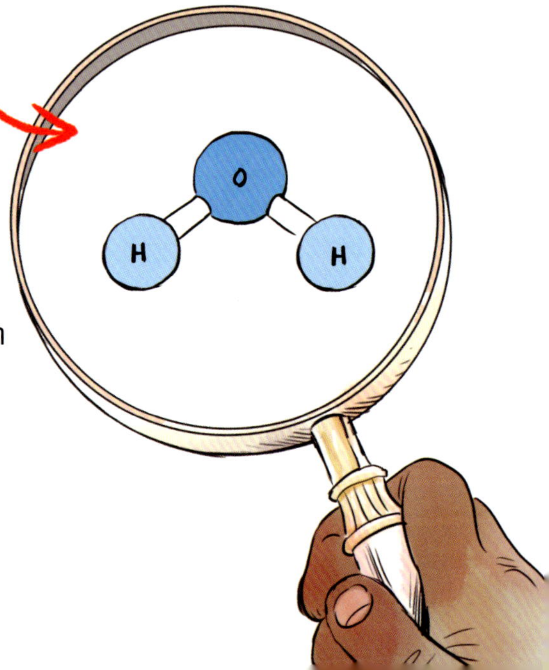

DEN SCHLEIM AUFHEBEN

Du kannst den Schleim nach dem Spielen auch aufheben. In einer verschließbaren Plastiktüte hält er sich einige Wochen.

MATERIALIEN AUSTAUSCHEN

Auch einige Waschmittel enthalten Borsäure. Wenn du ein paar Tropfen des richtigen Waschmittels zum Kleber gibst, bildet sich ebenfalls Schleim. Probier es aus!

Mischst du Kleber, Borsäure und Wasser, bildet die Borsäure gemeinsam mit einigen der Wasserstoffatome Ionen, elektrisch aufgeladene Partikel. Aufgrund ihrer Form verbinden sich diese Ionen mit den langen Molekülen des Klebers und verketten sie zu einem verknäuelten Polymer – man könnte auch sagen zu einem klebrigen Klumpen! Und das Natron verleiht dem Schleim dann die perfekte Konsistenz.

Schleimaal: Der Oberschleimer

Wenn's ums Schleimen geht, dann macht dem Schleimaal niemand so leicht was vor! Der schlangenförmige Fisch wird bis zu 1,20 Meter lang, und seine glatte Haut ist von bis zu 200 »Schleimporen« übersät, die eine klebrige Substanz absondern können. Diese Substanz schützt den Körper des Tiers.

In erster Linie nutzt der Schleimaal seinen Schleim zur Verteidigung: Er sondert ihn ab, wenn er sich bedroht fühlt. Das kommt vermutlich nicht oft vor, da die anderen Meeresbewohner schon wissen, dass der eklige Schleim den Fisch ungenießbar macht. Also lassen Fressfeinde ihn meist in Ruhe.

Der andere Nutzen des Schleims ist praktischer – und noch viel, viel ekliger! Der Schleimaal ernährt sich nämlich von Aas, das auf dem Meeresboden herumliegt. Und der Schleim macht den Fisch so schlüpfrig, dass er sich regelrecht in das Aas hineinbohren kann. Na, MAHLZEIT!

Gummi-Ei

Dauer des Experiments: 5 Tage

Kann man die Schale von einem rohen Ei entfernen, ohne sich die Hände mit glitschigem Eiweiß und Eigelb schmutzig zu machen? Klar – wenn man weiß, wie.

MATERIAL

- 1 rohes Ei
- Glas oder Tasse
- weißer Essig
- Wasser aus dem Wasserhahn

So geht's:

1 Lege das Ei vorsichtig in das Glas oder die Tasse.

2 Bedecke das Ei im Glas vollständig mit weißem Essig.

3 Lass das Ganze fünf Tage stehen. Ja, FÜNF TAGE!

4 Nimm das Ei aus dem Glas und spüle es unter fließendem Wasser ab. Die Schale sollte inzwischen verschwunden sein. Drück das Ei mal sanft (vorsichtshalber über der Spüle): Es hat sich in ein Gummi-Ei verwandelt!

Forsche weiter

Das Gummi-Ei ist schon cool, aber weißt du, was noch cooler wäre? Ein RIESIGES Gummi-Ei! Lege das Gummi-Ei in ein Glas Wasser und lass es über Nacht darin liegen. Am nächsten Morgen ist es schon VIEL GRÖSSER. Das Ei saugt das Wasser durch seine äußere Haut auf und wächst – und wächst und wächst …

Die Wissenschaft dahinter

Essig ist eine Säure. Er reagiert mit der Eierschale, die aus einem Material namens Kalziumkarbonat besteht. Durch die Reaktion löst sich die Eierschale auf, doch die Haut darunter bleibt unbeschädigt, denn mit ihr reagiert der Essig nicht. Diese Haut – man nennt sie auch Membran – ist sehr dünn und geht leicht kaputt, sei also vorsichtig!

Henne und Ei

Gerade hast du eine Eierschale aufgelöst. Aber wie ist sie überhaupt entstanden? Die Eierproduktion ist ein ganz erstaunlicher und unglaublich schneller Vorgang!

Das Ei beginnt mit einem Eigelb im Körper der Henne. Nach nur etwa 15 Minuten ist das flüssige Eigelb von einer Membran, einer dünnen Haut, umgeben. Und drei Stunden später von einem durchsichtigen, klebrigen Zeug – dem sogenannten Eiweiß.

Dieser Klumpen wird nun in ein bestimmtes Organ im Inneren des Huhns transportiert, in die Schalendrüse. Hier wird das Ei von Kalzium eingehüllt, das das Huhn produziert. Nach etwa 20 Stunden hat sich die Eierschale gebildet, und das Huhn kann das Ei legen. Eigentlich »kackt« es das Ei, denn es kommt tatsächlich da heraus, wo eben auch der Hühnerschiss rauskommt. Lecker, nicht? Wer will ein Frühstücksei …?

Schlabberknochen

Dauer des Experiments: 1 Woche

Was außer Eierschalen besteht noch aus Kalzium? Kleiner Tipp: Es ist hart, und du trägst es in dir. Genau genommen hast du sogar mehr als 200 Stück davon in deinem Körper. Richtig: Gemeint sind die KNOCHEN! Und was passiert, wenn du einen Knochen in Essig einlegst? Probier es aus …

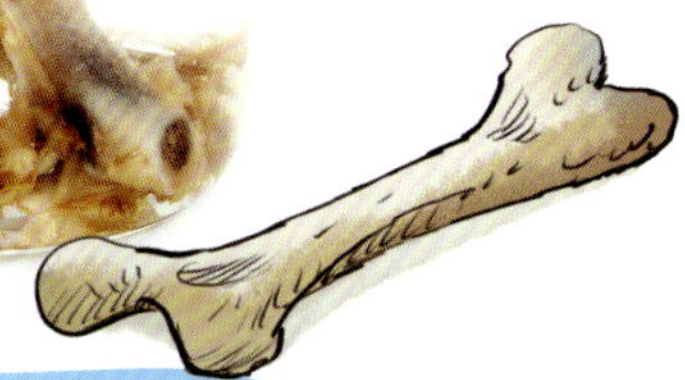

So geht's:

1 Hebe einen Hühnerknochen vom Essen auf, am besten einen dicken wie einen Keulenknochen. Versuch mal, ihn zu biegen. Hart, nicht?

2 Wasch den Knochen gründlich ab und lege ihn dann in das Glas.

3 Bedecke den Knochen im Glas vollständig mit weißem Essig.

4 Lass das Ganze eine Woche stehen.

5 Nimm den Knochen aus dem Glas und spüle ihn unter fließendem Wasser ab. Wenn er sich noch nicht biegen lässt, lege ihn zurück und lass ihn ein paar Tage länger im Essig liegen.

MATERIAL

- 1 gekochter Hühnerknochen
- Glas oder Tasse
- weißer Essig
- Wasser aus dem Wasserhahn

GUMMIBEINE

Der längste und stärkste Knochen in unserem Körper ist der Oberschenkelknochen. Seine Länge beträgt etwa ¼ der Körpergröße. Den zu gummisieren würde seeeehr lange dauern! Kein angesehener Wissenschaftler würde zugeben, das je getan zu haben, doch schätzungsweise bräuchte man mehrere Monate dazu.

Die Wissenschaft dahinter

Weißt du noch, wie der Essig die Eierschale im Gummi-Ei-Experiment aufgelöst hat? Genau so macht er es auch mit dem Kalzium im Hühnerknochen. Kalzium ist übrigens das Zeug, das den Knochen hart macht. Ohne Kalzium bleibt vom Knochen nur biegsamer Knorpel übrig. Irgendwie auch eklig, oder?

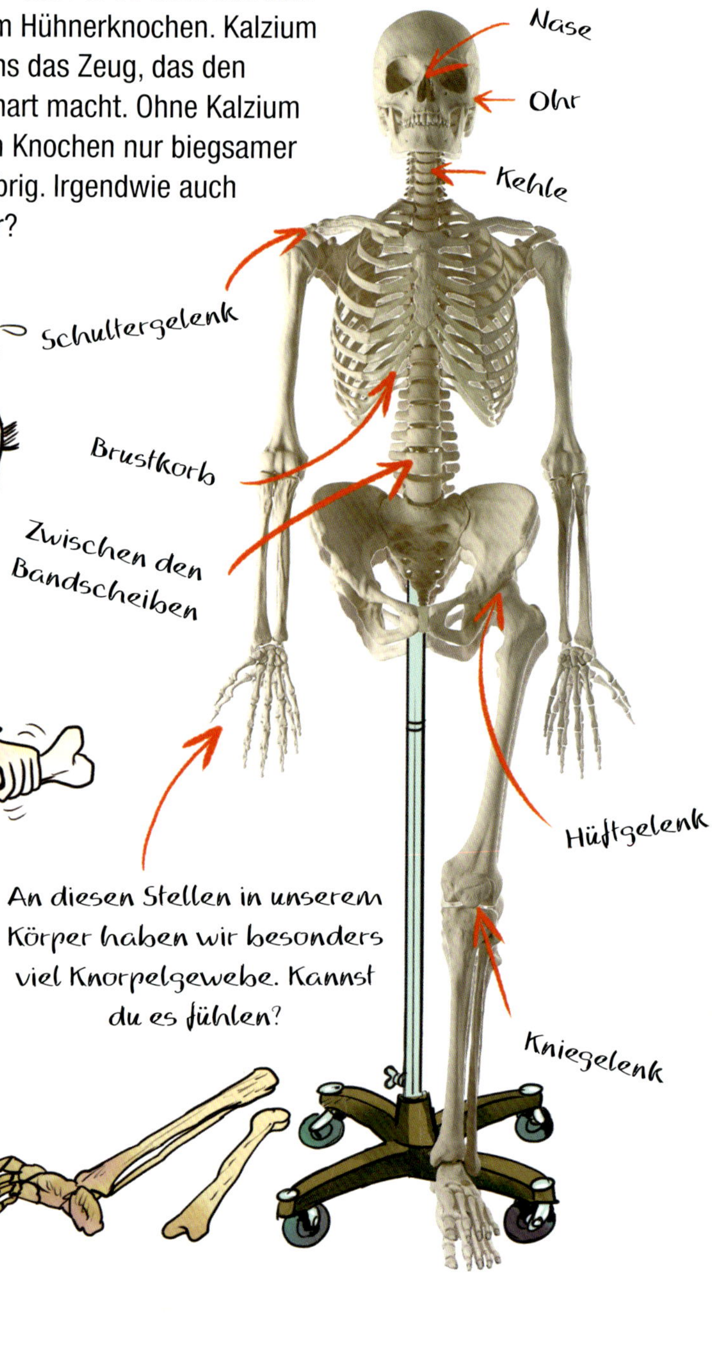

Wendiger Hai

Landlebewesen, auch Menschen, brauchen ein hartes Skelett, das ihr Gewicht trägt. Meeresbewohner werden vom Wasser getragen, weshalb ihr Skelett flexibler sein kann – im Fall des Hais ist es überhaupt nicht hart, sondern besteht vollständig aus Knorpeln, einem kräftigen, aber biegsamen Gewebe. Damit kann sich der Hai schnell in alle Richtungen drehen und seine Beute verfolgen.

In einigen Körperbereichen, etwa dem Schädel und den Kiefern, braucht der Hai jedoch etwas Extrafestigkeit. Deshalb werden die Knorpel dort mit Kalziumsalzen verstärkt. Am kräftigsten jedoch müssen die Zähne des Hais sein. Sie sind von einem sehr harten Zahnschmelz überzogen, weshalb sie wie ein Messer durch das Fleisch der Beute schneiden.

WUSSTEST DU ...?

Knorpel sind viel leichter als Knochen. Ein leichteres Skelett hilft dem Hai dabei, sich schnell und mühelos durchs Wasser zu bewegen. Dies ist einer der Gründe, warum Haie so tolle Beutegreifer sind!

Zitronen-Vulkan

Dieses Experiment klebt UND stinkt – toll! Ist der Vulkan aber erst einmal ausgebrochen, riecht es an deinem Arbeitsplatz zitronenfrisch.

So geht's:

MATERIAL

- 1 Zitrone
- Schüssel
- Stiel von 1 Eis am Stiel
- rote Lebensmittelfarbe
- Spülmittel
- Backpulver

1 Bitte einen Erwachsenen, das obere und untere Stück der Zitrone abzuschneiden und etwa die Hälfte des Fruchtfleischs herauszukratzen. Stelle die Zitrone mit dem ausgehöhlten Ende nach oben in die Schüssel.

2 Zermatsche das restliche Fruchtfleisch in der Zitrone mit dem Stiel.

3 Gib einige Tropfen Lebensmittelfarbe in die Zitrone.

4 Gib nun einen kräftigen Spritzer Spülmittel in die Zitrone.

5 Kann's losgehen? Na, dann: Gib einen Löffel voll Backpulver in die Zitrone. Sofort blubbert's und schäumt's! Rote »Lava« steigt auf und läuft über.

6 Um den Ausbruch zu beschleunigen, drücke die Zitrone sanft. WUMS! Es schäumt und blubbert noch doller. Ein wirklich saftiges Experiment!

EXTRATIPP

Je größer die Zitrone, desto länger der Vulkanausbruch. Nimm also die größte Zitrone, die du finden kannst!

Die Wissenschaft dahinter

Zitronensaft ist eine Säure, und Backpulver ist eine sogenannte Base. Treffen Säuren auf Basen, lösen sie eine chemische Reaktion aus. Und bei dieser Reaktion wird Kohlendioxidgas freigesetzt.

Forsche weiter

- Drück den Saft einer zweiten Zitrone in eine Tasse und gib ihn tropfenweise zu deiner Vulkanzitrone. Was passiert?

- Andere Zitrusfrüchte wie Orangen und Grapefruits sind auch sauer (wenn auch nicht so sauer wie Zitronen). Kann man auch aus ihnen einen Vulkan machen? Probier es.

- Es gibt noch viele andere saure Flüssigkeiten, z. B. Essig und Cola. Was passiert, wenn du Backpulver hineingibst?

- Bitte einen Erwachsenen, einen Erdvulkan im Garten mit dir zu bauen. Gib Lebensmittelfarbe, Spülmittel, Essig oder Zitronensaft und Backpulver hinein. Damit solltest du eine ordentliche Sauerei hinbekommen!

SAURES ZEUG

Starke Säuren können sogar menschliches Fleisch zersetzen, andere wiederum – z. B. Zitronensaft – sind so schwach, dass wir sie essen können. Kennst du noch andere Lebensmittel, die sauer schmecken? Forsche nach, ob sie nicht nur sauer schmecken, sondern auch Säure enthalten.

Zum pH-Wert siehe S. 36!

Magen-säure

Dein Magen ist voller supersaurer Säure. Wenn du etwas gegessen oder getrunken hast, plumpst es aus der Speiseröhre direkt in diesen Säureteich und löst sich langsam auf. Dabei wirbeln die Muskeln in der Magenwand alles wie in einer Waschmaschine herum, um es gründlich zu vermengen.

Läuft alles so, wie es soll, bleibt die Magensäure im Magen. Eine spezielle Schleimschicht schützt ihn vor der eigenen Säure, doch gelangt etwas davon zurück in Speiseröhre und Kehle, reizt es dort die Haut, und das tut weh! Man nennt das Sodbrennen.

BLASEN MACHEN

Willst du mal sehen, was in deinem Magen passiert? Dann bitte einen Erwachsenen um eine Magentablette und gib sie in eine saure Flüssigkeit. Das blubbert ganz schön, was?!

Gegen Sodbrennen helfen Medikamente, sogenannte Säureblocker oder Antazida. Sie bestehen aus einer kreideähnlichen Substanz, die an Backpulver erinnert. Die reagiert mit der Säure: Sie neutralisiert sie, und der Schmerz verschwindet. Allerdings entsteht dabei Kohlendioxid – und das muss raus! RÜLPS!!!

Geldwäsche

Schnapp dir eine Handvoll Münzen und sieh sie dir genau an. Wahrscheinlich sind sie UNGLAUBLICH dreckig, und das ist auch überhaupt kein Wunder. Viele Münzen sind schon seit Jahrzehnten in Umlauf. Da wird es mal Zeit für ein kleines Bad, findest du nicht? Das Münzenbad STINKT zwar gewaltig, erzielt aber das gewünschte Ergebnis: Die Münzen werden wieder blitzsauber!

MATERIAL

- 60 ml weißer Essig
- 1 TL Salz
- Schüssel (nicht aus Metall!)
- Löffel zum Umrühren
- mehrere Münzen (je dreckiger, desto besser)
- Wasser aus dem Wasserhahn
- Papiertuch

So geht's:

1 Gib Essig und Salz in die Schüssel und rühr so lange, bis sich das Salz aufgelöst hat.

2 Leg die Münzen in die Schüssel. Rühre noch einmal um, damit sie nicht übereinanderliegen.

3 Lass das Ganze fünf Minuten stehen.

4 Wende die Münzen nun mit dem Löffel und lass sie noch einmal fünf Minuten stehen.

5 Schütte die Münzen über einer Spüle in deine Hand. Wasch sie unter fließendem Wasser ab und lass sie dann auf einem Papiertuch trocknen. Wie du siehst, sind sie jetzt wieder blitzsauber!

Die Wissenschaft dahinter

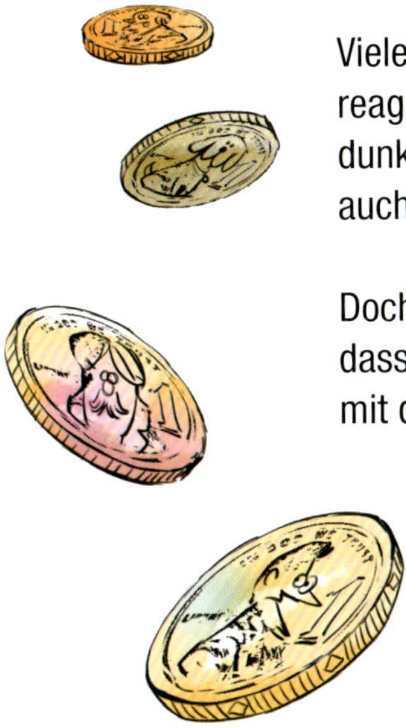

Viele Münzen enthalten ein Metall namens Kupfer. Mit der Zeit reagiert das Kupfer mit dem Sauerstoff in der Luft und bildet eine dunkle, trübe Substanz, das sogenannte Kupferoxid. Man sagt auch, die Münzen laufen an.

Doch wie kommen Essig und Salz ins Spiel? Du weißt bereits, dass Essig eine scharf riechende Säure ist. Aber zusammen mit dem Salz hat er SUPERSÄUREKRÄFTE! Aus den beiden Substanzen wird Salzsäure, die viel stärker ist als Essig allein. (Keine Angst – du kannst dir bei dem Experiment trotzdem nicht wehtun.) Die Salzsäure reagiert mit dem Kupferoxid und wäscht es von den Münzen.
TSCHÜSS, DRECK!

NICHT NUR FÜR BURGER

Tomatensoße enthält Salz und Essig. Kann auch sie eine Münze sauber machen? Probier es aus, ebenso wie mit Orangensaft und Cola. Was funktioniert am besten?

Bazillen-paradies

Geld kommt echt rum! Manchmal sind Scheine und Münzen schon seit Jahrzehnten unterwegs und wechseln mehrmals pro Tag den Besitzer. Drei bis vier Leute täglich mal 365 Tage im Jahr mal rund 20 Jahre … macht SEHR VIELE Hände, durch die das Geld wandert. Und SEHR VIELE Gelegenheiten, eklige Bakterien aufzuschnappen!

Wie dreckig ist Geld wirklich? Wissenschaftler haben es herausgefunden! In einer Studie von 2014 wurden von Scheinen und Münzen Bakterienkulturen angelegt. Und die enthielten 93 verschiedene Bakterienstämme! Die meisten waren harmlos, andere aber ziemlich scheußlich. Die konnten z. B. eine Lungenentzüdung verursachen.

Was also tun? Nie mehr Geld anfassen? Das ist 1) unpraktisch und 2) doof. Experten raten, sich häufig die Hände zu waschen – und eines IMMER zu vermeiden: NIEMALS sein Essen bezahlen und essen, ohne sich zwischendrin die Hände zu säubern! Denn was auch immer an dem Geld klebt, wandert so DIREKT in deinen Mund! Igitt!

Seife züchten

Was tun, wenn einem am Sonntag mal die Seife auszugehen droht? Wenn es die richtige Art von Seife ist, kann man sie einfach in der Mikrowelle vergrößern. Häh?? Und das geht? Klar – wie du gleich selbst sehen wirst!

So geht's:

MATERIAL

- Seife der Marke Ivory (siehe Tipp unten)
- mikrowellengeeigneter Teller
- Mikrowelle

1 Leg die Seife auf den Teller und stell ihn in die Mikrowelle.

2 Bitte einen Erwachsenen, die Mikrowelle auf HOCH und 1 Minute einzustellen. Drück den Startknopf.

3 Beobachte genau, was passiert, denn das ist wirklich erstaunlich: Die Seife wächst unglaublich schnell und vergrößert sich auf das Fünf- oder Sechsfache!

4 Lass die Seife einige Minuten abkühlen und nimm sie dann aus der Mikrowelle. Fühl mal … Wie fühlt sie sich an? Erforsch sie ganz genau! Wie hat sie sich verändert?

Ihr könnt die Seife für das Experiment im Internet bestellen.

Die Wissenschaft dahinter

Ivory-Seife unterscheidet sich von den meisten anderen Seifen, die es in Stücken zu kaufen gibt. Bei der Herstellung wird der Seifen»teig« so lange geschlagen, bis er voller winzig kleiner Luftbläschen ist. Die bleiben beim Aushärten der Seife dann auch drin – ebenso wie der Wasserdampf, den sie enthalten.

Mikrowellen funktionieren durch das Erhitzen von Wasserdampf. Der dehnt sich dann rasch aus und bläst die kleinen Luftbläschen in der Seife auf wie Ballons. Die Seife wächst, bis entweder der Dampf entwichen oder die Mikrowelle aus ist.

Bimsstein

Der Bimsstein ähnelt der Ivory-Seife in diesem Experiment. Bimsstein entsteht, wenn geschmolzenes Gestein – Lava – mit Wasser in Kontakt kommt. Durch die plötzliche Temperaturveränderung wirft die Lava Blasen wie eine kochende Flüssigkeit. Dann kühlt sie ab und wird fest. Das alles geht so schnell, dass die Blasen im Gestein eingeschlossen werden.

Da Bimsstein voller Gas ist, ist er leichter als Wasser – und damit der einzige Stein, der im Wasser nicht untergeht! Bei einem Vulkanausbruch bilden sich riesige Bimssteinflöße und treiben ins Meer.

Das größte Bimssteinfloß, das man je gesehen hat, bedeckte eine Fläche von über 26 000 Quadratkilometern – das ist sogar größer als Mecklenburg oder Hessen. Man entdeckte es 2012, entstanden ist es durch einen unterirdischen Vulkanausbruch bei Neuseeland.

VULKANGESTEIN

Bimsstein ist ein Eruptivgestein, ein Gestein, das sich infolge vulkanischer Aktivität bildet. Zu dieser Gesteinsart zählen auch Basalt, Granit und Obsidian.

Kleber zum Lecken

Hast du schon mal an einem Briefumschlag geleckt? Oder an einer Briefmarke? Falls ja, weißt du, dass sie mit einer Substanz bedeckt sind, die sich beim Lecken in einen feuchten Kleber verwandelt. Bei diesem Experiment stellst du deinen eigenen Kleber zum Lecken her, mit dem du alles Mögliche versiegeln kannst. Außerdem entscheidest DU, wie er schmecken soll! Wissenschaft war noch nie so lecker!

MATERIAL

- 3 EL weißer Essig
- mikrowellengeeignete Tasse oder Schüssel
- Mikrowelle
- 1 Päckchen (7 g) Gelatine
- 1 TL Zucker
- 1 TL Flüssigaroma nach Wahl
- Löffel zum Umrühren
- Stift
- Papier
- Schere
- Pinsel

So geht's:

1 Gieß den Essig in das Gefäß. Bitte einen Erwachsenen, den Essig 30 Sekunden lang in der Mikrowelle zu erhitzen. Nimm den Essig dann heraus.

2 Gib Gelatine, Zucker und Aroma zum Essig. Rühr so lange um, bis sich Gelatine und Zucker aufgelöst haben. Das dauert etwa eine Minute.

3 Zeichne einen Aufkleber auf das Papier und schneide ihn aus.

4 Tauche den Pinsel in den Kleber und trage ihn in einer sehr dünnen Schicht auf die Rückseite deines Aufklebers auf.

5 Lass den Kleber vollständig trocknen.

6 Damit der Kleber klebt, musst du ihn einfach kurz mit der Zunge anlecken. Fertig!

Die Wissenschaft dahinter

Klebstoff ist ein überraschend kompliziertes Zeug. Damit zwei Gegenstände aneinanderkleben, braucht man die sogenannte Adhäsions- oder Haftkraft. Und der Klebstoff muss obendrein nicht nur an anderen Gegenständen kleben, sondern auch an sich selbst. Das wiederum nennt man Kohäsion oder Bindekraft. Jede Art von Klebstoff muss diese Eigenschaft besitzen.

Neben Adhäsion und Kohäsion ist der dritte und letzte Faktor, der vorhanden sein muss – Luft. Klebstoffe enthalten Wasser, das zu Luft verdunstet. Während das Wasser verschwindet, härtet der Klebstoff aus, wobei seine Klebkraft zunimmt. Am Ende hat man echt harten Kleber – und echt aneinanderklebende Gegenstände. Jawoll!

KLEBER LAGERN

Am besten hält sich dein Kleber zum Lecken in einem kleinen Glas mit Schraubverschluss. So lässt er sich im Kühlschrank mehrere Wochen lagern. Wird er zu hart, stell das Glas ohne Deckel einfach für ein paar Sekunden in die Mikrowelle.

EXTRATIPP

Flüssigaromen wie Mandel-, Vanille- oder Orangenaroma gibt es in der Backwarenabteilung im Supermarkt.

Nummer 1 Forscher

Briefmarken naschen

Gilt der Kleber auf Briefmarken und Umschlägen eigentlich als Lebensmittel? Ja, tatsächlich. Der Nährwert einer deutschen Briefmarke enthält ungefähr 2 Kalorien.

In Großbritannien basiert der Postkleber auf einem anderen Rezept, und so hat eine britische Marke 5,9 Kalorien! Sehr große Marken haben sogar 14,5 Kalorien. Da kann man auch gleich ein Gummibärchen essen.

Australien war das erste Land, das 1990 selbstklebende Marken massenproduziert hat, mit denen nimmt man also keine Kalorien zu sich. Könnte man denn generell vom Lecken an Briefmarken zunehmen? Kann man, wie der Fall von Dean Gould aus dem englischen Suffolk beweist. Der stellte 1995 einen Weltrekord auf, indem er in vier Minuten an 450 Briefmarken leckte und sie auf Umschläge klebte. Bei 5,9 Kalorien pro Marke nahm er so 2655 Kalorien zu sich, mehr als den üblichen Tagesbedarf. Briefmarkenkleber früh, mittags und abends – KÖSTLICH!

Zauberkohl

Boah – was stinkt denn da so?! Das, Freunde, ist der süße Duft der Wissenschaft in Aktion! In diesem Experiment lernst du die ungewöhnlichen Eigenschaften herrlich stinkenden Kohlsafts kennen. Aber vorher: Wäscheklammer auf die Nase!

MATERIAL

- 1 Kopf Rotkohl
- Messer
- Topf
- Wasser
- Sieb
- Messbecher
- 6 kleinere durchsichtige Gefäße
- Substanzen zum Testen (Vorschläge siehe S. 34)

Vorbereitung

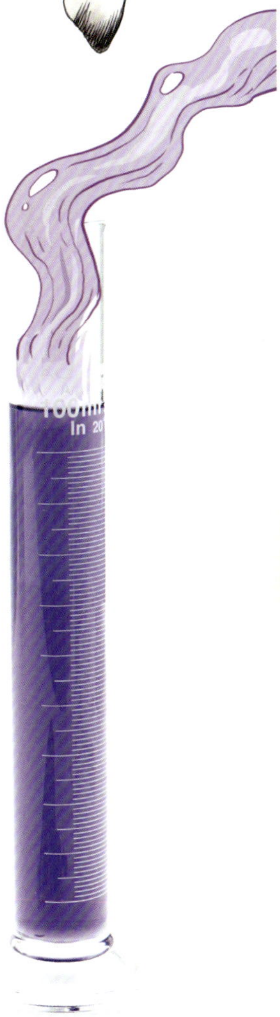

1 Bitte einen Erwachsenen, den Rotkohl in kleine Stücke zu schneiden.

2 Gib den Kohl in den Topf und bedecke ihn knapp mit Wasser.

3 Bitte deinen Helfer, das Wasser zum Kochen zu bringen, den Kohl 15 Minuten köcheln zu lassen und den Topf dann vom Herd zu nehmen. Lass den Kohl vollständig abkühlen.

4 Schütte den Kohl in ein Sieb und fang den herrlich violetten Kohlsaft dabei in dem Messbecher auf. Den Kohl gibt's zum Mittagessen!

SCHWEFELWASSERSTOFF

Gekochter Kohl stinkt, weil beim Kochen ein Gas namens Schwefelwasserstoff freigesetzt wird. Derselbe Geruch entsteht, wenn Eier faul werden. Viele Leute essen wegen des Geruchs nicht gern Kohl. Aber da er sehr gesund ist, solltest du ihn wenigstens probieren!

Der Kohlindikator

1 Stelle die durchsichtigen Gefäße auf eine ebene Oberfläche und gieße in jedes ein wenig Kohlsaft.

2 Wähle aus der Liste unten sechs Testsubstanzen aus.

3 Und jetzt wird's lustig: Gib von jeder Substanz jeweils etwas in die durchsichtigen Gefäße. Was siehst du? Krass, oder?!

EXTRATIPP

Um den Kohlgeruch loszuwerden, kannst du kleine Schalen mit Essig in der Küche verteilen. Es dauert zwar ein paar Stunden, doch irgendwann hat der Essig den Kohlgeruch neutralisiert.

TESTSUBSTANZEN

Zitronensaft	Sprudel
Apfelsaft	Shampoo
Essig	Wäschestärke
Milch	Spucke
Fensterreiniger	Natron
Spülmittel	Cola
Mundwasser	Orangensaft

Die Wissenschaft dahinter

Rotkohlsaft ist ein natürlicher Indikator, d. h., er reagiert auf Säuren und Basen, indem er seine Farbe ändert. Am Anfang ist er noch lila oder violett; gibt man jedoch eine Säure dazu, wird er rosa, und gibt man eine Base dazu, wird er grün.

In der Liste mit den Testsubstanzen auf Seite 34 sind einige sauer, andere basisch. Aus früheren Experimenten weißt du bereits, dass Zitronensaft eine Säure ist. Aber weißt du auch, was die anderen Substanzen sind – Säuren oder Basen? Und kannst du herausfinden, welche die jeweils stärkste ist? Ein kleiner Tipp: Je deutlicher die Farbveränderung, desto kräftiger ist die Säure oder Base!

Forsche weiter

- Füge einer Tasse Kohlsaft irgendeine Säure hinzu, bis sich die Farbe verändert. Gib nun eine Base in dieselbe Tasse. Was passiert?

- Bastle dir Indikatorstreifen, indem du weißes Kaffeefilterpapier in Kohlsaft tauchst. Lass das Papier trocknen und schneide es in Streifen. Tröpfle verschiedene Flüssigkeiten darauf und beobachte die Farbveränderung.

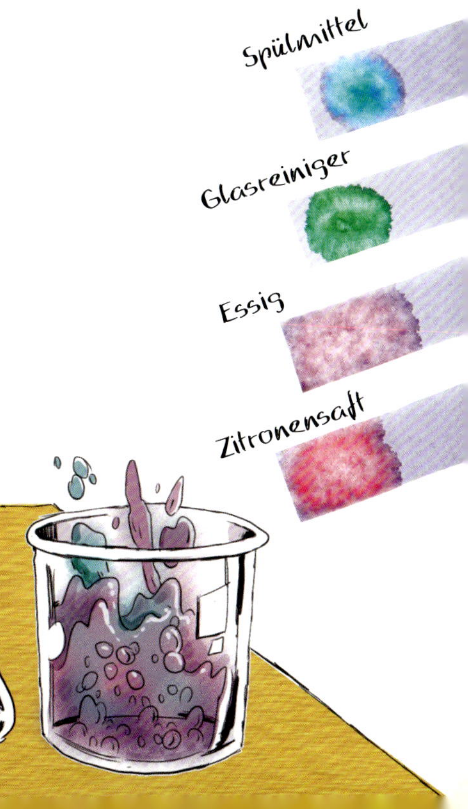

Der pH-Wert

Säuren und Basen misst man mit dem sogenannten pH-Wert. Das steht für »potentia hydrogenii« (lateinisch für: Konzentration des Wasserstoffs), wissen musst du aber nur, dass sich der pH-Wert zwischen 0 und 14 bewegt. Ein pH-Wert von 7 gilt als neutral. Alles über 7 ist eine Base, alles unter 7 eine Säure. Und je niedriger bzw. höher der Wert, desto stärker ist die Säure oder Base.

ACHTUNG!

Sowohl starke Säuren als auch starke Basen können die Haut verbrennen. Also: Nicht anfassen!

In der Tabelle oben siehst du die pH-Skala mit den dazugehörigen Beispielsubstanzen. Wasser und Milch sind ziemlich genau in der Mitte. Viele Lebensmittel sind säurehaltig, die meisten Reinigungsprodukte sind basisch. Und dein Körper? Ist der sauer oder basisch? Finde es heraus!

Schimmelgarten

Dauer des Experiments: 5 Tage

Schimmel ist ein ziemlich ekliges Zeug, manchmal stinkt er sogar. Würdest du also gern welchen wachsen lassen? KLAR würdest du! Zum Glück ist der Schimmel in diesem Experiment sicher verstaut – aber beobachten kannst du ihn in all seiner widerlichen, haarigen Pracht!

MATERIAL

- Wasser
- 6 Scheiben Brot
- 6 durchsichtige, wiederverschließbare Plastiktüten
- wasserfester Stift

So geht's:

1 Tröpfle ein bisschen Wasser auf eine Scheibe Brot. Es darf nicht richtig nass sein, feucht ist genau richtig.

2 Wisch die feuchte Brotseite an irgendetwas ab – am Tisch, am Boden oder an deiner Achsel! Leg das Brot in eine Plastiktüte und verschließe sie.

3 Schreib mit dem Stift auf die Tüte, woran du das Brot abgewischt hast.

4 Wiederhole die Schritte 1 bis 3 mit den anderen Brotscheiben, aber wisch sie jeweils an etwas anderem ab.

5 Leg die Tüten ein paar Tage an einen warmen Ort. Schon bald wird dein Schimmelgarten erblühen!

EXTRATIPP

Am besten funktioniert das Experiment mit Brot, das frei von Konservierungsstoffen ist. Bitte einen Erwachsenen, dir zu helfen, wenn du nicht weißt, welches Brot du nehmen sollst.

ACHTUNG!

Du darfst das Brot nach dem Experiment nicht mehr essen! Wirf es weg, wenn du fertig bist, und wasch dir die Hände.

Die Wissenschaft dahinter

Schimmel ist ein mikroskopisch kleiner Organismus aus dem Reich der Pilze. Er ist mit Speisepilzen und Hefe verwandt. Seine »Samen« nennt man Sporen, und die sind ÜBERALL – an den Wänden, an der Kleidung, auf dem Autodach, an den Bäumen im Garten, an deinem Hund und sogar an DIR! Das ist zum Glück ganz normal, und ein paar Schimmelsporen hier und da schaden niemandem. Trotzdem darf man schimmeliges Brot nicht mehr essen; wirf es bitte weg!

Reibst du das Brot an einer Oberfläche, nimmst du damit die Sporen auf. In der Plastiktüte hat es der Schimmel schön feucht und warm – er fühlt sich wohl. Das ist wie beim Samensäen, nur dass hinterher keine hübschen Blumen herauskommen. IGITT!

Schimmel gibt es in den verschiedensten Farben, deshalb kann man auch nicht vorhersagen, wie dein Schimmelgarten aussehen wird. Lass dich überraschen!

Schimmelkäse

Wie wäre es mit etwas Schimmel zum Abendessen? Das ist eine lächerliche Frage …? Nein, absolut nicht! Auf der ganzen Welt essen die Menschen gern Schimmel – als Blauschimmelkäse. Der Schimmel hier stammt von den Pilzen Penicillium roqueforti und Penicillium glaucum. Sie sind für den Menschen nicht schädlich und verleihen dem Käse seinen typischen Geschmack.

Bei seiner Herstellung werden die Schimmelsporen mit den Käsezutaten gemischt. Diese Mischung wird anschließend »genadelt«, also mit vielen kleinen Löchern versehen. Sie lassen Luft in den reifenden Käse, und die Schimmelsporen können wachsen. Der blühende Schimmel füllt die kleinen Löcher mit einem stinkenden, köstlichen Flaum – BON APPÉTIT!

MEDIZINISCHER SCHIMMEL

Aus Penicillium wird aber nicht nur köstlicher Käse, man stellt daraus auch Medikamente namens Antibiotika her, die schädliche Bakterien abtöten. Seit der Erfindung des Penicillins 1928 kann man damit tödliche Krankheiten bekämpfen – eine Revolution in der Geschichte der Medizin. Es gibt also auch GUTEN Schimmel!

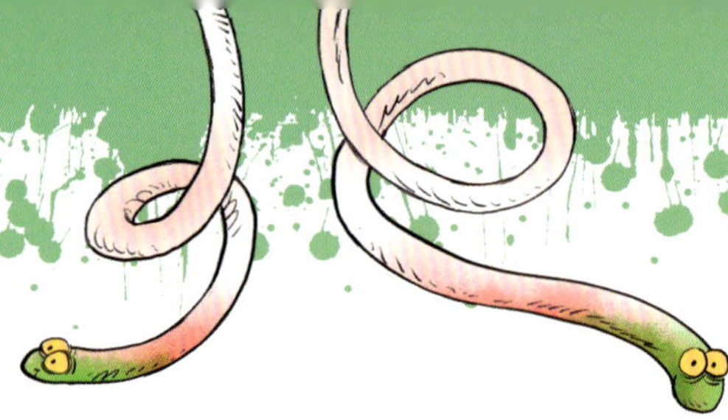

Wurmfarm

Regenwürmer sind ein bisschen klebrig und schleimig, was sie zu idealen Haustieren macht, stimmt's? Wenn du dir eine Wurmfarm anlegst, kannst du die Tiere bei ihrer Wühlarbeit beobachten.

MATERIAL

- 6–10 lebendige Regenwürmer
- saubere, leere 2-Liter-Plastikflasche
- Schere
- kleine Steine
- Erde
- Sand
- Obst-und-Gemüse-Abfälle
- Klebeband
- Teller

ACHTUNG!

Dein Schweiß enthält Salz, das für die Würmer giftig ist. Trage Gummihandschuhe, wenn du deine schleimigen Freunde anfasst.

So geht's:

1 Als Erstes musst du ein paar Regenwürmer finden! Sie mögen es feucht und dunkel, sieh also unter Ästen und Blättern nach oder grabe in loser, feuchter Erde. Wenn alle Stricke reißen, bekommst du sie auch in einer Tierhandlung.

2 Bitte einen Erwachsenen, den oberen Teil der Plastikflasche abzuschneiden.

3 Bitte ihn dann, mehrere kleine Löcher als Abfluss in den Flaschenboden zu bohren.

4 Lege einige kleine Steine unten in die Flasche. Die Steinschicht sollte etwa drei bis vier Zentimeter dick sein.

5 Bedecke die Steine mit einer zwei Zentimeter dicken Erdschicht

und gib die Hälfte deiner Würmer hinein. Bedecke sie mit einer weiteren zwei Zentimeter dicken Erdschicht. Die Erde muss locker sein.

6 Bedecke die Erde mit einer drei Zentimeter dicken Sandschicht.

7 Wiederhole die Schritte 5 und 6.

8 Gib ein paar Obst- und-Gemüse-Abfälle (z. B. Schalen) auf die oberste Schicht.

9 Klebe den abgeschnittenen oberen Teil der Flasche mit Klebeband wieder an die Flasche.

10 Stell deine Wurmfarm auf einen Teller (falls Wasser aus den Löchern im Boden tropft) und diesen an einen warmen, dunklen Ort wie in einen Schrank. Oder umwickle die Flasche mit Papier, um es darin dunkel zu machen.

So fühlen sich deine Würmer wohl

- Sieh jeden Tag nach deinen kleinen Freunden. Was du sehen solltest, sind die Gänge, die sie graben, während sie die Schichten durchmischen.
- Stell deine Wurmfarm immer an einen dunklen und warmen Ort. Das ist SEHR WICHTIG, damit sich die Tierchen wohlfühlen – sie hassen Licht und Kälte!
- Regenwürmer brauchen auch Feuchtigkeit, um gesund zu bleiben. Gieße deine Wurmfarm also täglich mit etwas Wasser.
- Füttere deine Würmer auch gelegentlich – immer dann, wenn ihnen die Nahrung ausgeht. Wenn du diese Tipps beherzigst, wird deine Wurmfarm blühen und gedeihen!

Die Wissenschaft dahinter

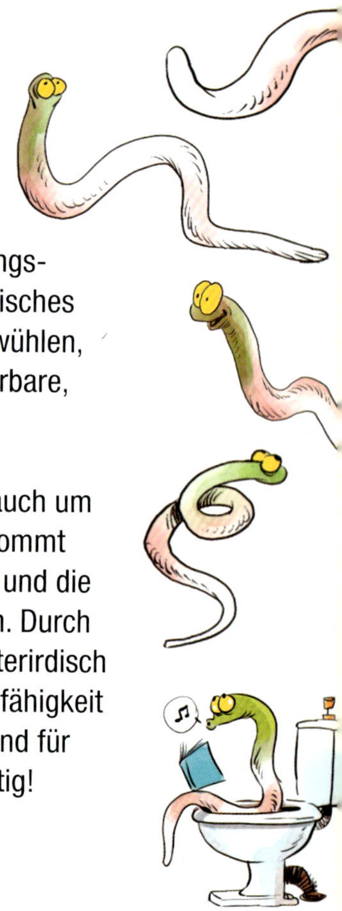

Regenwürmer sind kleine Erdverarbeitungsfabriken. Sie fressen verrottendes organisches Material, während sie den Boden durchwühlen, verdauen es und scheiden es als wunderbare, fruchtbare Erde wieder aus.

Dabei graben die Würmer das Erdreich auch um und lassen Luft und Wasser hinein. So kommt Wasser bis an die Wurzeln der Pflanzen, und die Wurzeln haben mehr Platz zum Wachsen. Durch die Wurmtunnel gelangt auch Luft zu unterirdisch lebenden Tieren, zudem wird die Abflussfähigkeit des Bodens verbessert. Regenwürmer sind für ein gesundes Ökosystem also sehr wichtig!

Wurmkacke im Angebot!

Wurmkacke, auch bekannt als Wurmkompost, ist dick, feucht und fast schwarz. Sie enthält alle Arten von verdautem organischem Material. Das wird im Körper des Wurms zerlegt und für die Ausscheidung ins Erdreich vorbereitet.

Warum ist Wurmkacke gut für den Boden? Weil sie voller Nährstoffe steckt, die Pflanzen einfach LIEBEN! Die Bauern kippen sie lastwagenweise aufs Feld. Der Wurmkompost lässt Samen zu großen, schönen und gesunden Pflanzen wachsen.

Die Bauern bekommen ihren Wurmkompost von kommerziellen Wurmfarmen. Dort leben Millionen von Regenwürmern in riesigen Behältern. Sie bekommen jeden Tag verrottendes organisches Material und können so ihre Arbeit verrichten. Anschließend wird das »schwarze Gold« aus den Behältern gekratzt, eingetütet und verkauft. Danke, Würmer!

WURMSCHNELLIGKEIT

Auf einer Wurmfarm dauert es etwa zwei Monate, bis die Würmer frische Nahrung in Wurmkompost verwandelt haben. Würmer verzehren rund die Hälfte des eigenen Körpergewichts pro Tag!

Gurken verflüssigen

Frische Gurken sind knackig und lecker. Unter den richtigen (oder sollen wir lieber sagen: falschen?) Umständen verflüssigen sie sich jedoch zu einem klebrigen, glitschigen Glibber. Möchtest du das? Natürlich möchtest du das! Dann folge der Anleitung.

Dauer des Experiments: 5 Tage

MATERIAL

- 1 Salatgurke
- Messer
- Schneidbrett
- wiederverschließbare Plastiktüte
- 1 TL Wasser

So geht's:

1 Roll die Gurke auf einer ebenen Oberfläche hin und her wie ein Nudelholz. Drücke dabei möglichst kräftig! Du kannst sie sogar ein bisschen auf den Tisch schlagen.

2 Bitte einen Erwachsenen, die Gurke in Scheiben zu schneiden, und lass sie etwa zehn Minuten liegen.

3 Leg die Scheiben in die Plastiktüte und füge das Wasser hinzu.

4 Verschließ die Tüte und schüttle die Gurkenscheiben durcheinander.

5 Leg die Tüte an einen warmen Ort, z. B. unter eine Lampe. Lass sie fünf Tage dort liegen, sieh aber jeden Tag danach. Was passiert?

VERSUCH'S MAL

Friere ein paar Gurkenscheiben ein und lass sie dann auftauen. Der Gefrierprozess beschädigt das Gurkengewebe – und das hat ziemlich schleimige Folgen!

Die Wissenschaft dahinter

Es dauert nicht lange, bis sich die Gurkenscheiben verflüssigen. Der Prozess beginnt bereits, wenn die Gurke gedrückt und geschnitten wird. An den beschädigten Stellen dringen durch die Luft übertragene Bakterien in die Gurke ein. Da Gurken fressende Bakterien es gern feucht haben, gedeihen sie in der feuchten, verschlossenen Tüte besonders gut. Sie vermehren sich … und während sie das tun, zersetzen sie die Gurke zu einer glitschigen Masse. E-kel-haft!

AB IN DIE TONNE!

Wirf den Gurkenschleim nach dem Experiment in die Biotonne oder auf den Kompost, denn man kann ihn wirklich nicht mehr essen!

Vom Bauern zum Laden

Da sie so leicht Dellen bekommen, sind Gurken schwer zu transportieren. Man muss sie den ganzen Weg vom Bauern bis zum Laden wie rohe Eier behandeln.

Die Wissenschaft hat das etwas leichter gemacht. Sie hat Gurken mit einer dickeren, kräftigeren Schale entwickelt und in die Supermärkte gebracht, weil das für uns so praktisch ist. Es gibt aber noch viele andere Gurkensorten – insgesamt weit über 100!

Manche finden die Gurken aus dem Supermarkt im Vergleich zu anderen eher geschmacksneutral und empfehlen deshalb, sie lieber auf dem Bauernmarkt einzukaufen. Die Bauern transportieren ihre dünnschaligen Gurken sehr vorsichtig, du kannst sie also bedenkenlos essen.

WUSSTEST DU ...?

Die meisten Leute denken, Gurken seien Gemüse, aber – Fehlanzeige! Gurken sind botanisch gesehen Beeren. Und sie bestehen zu 95 Prozent aus Wasser.

Verdorbene Milch

Hast du auch schon mal einen kräftigen Schluck von der cremigen, leckeren Milch genommen … und dann erst gemerkt, dass sie schlecht war? BÄÄÄH! Verdorbene Milch schmeckt nicht nur eklig, sie riecht noch schlimmer. Willst du mal riechen? Nein? Hey – das ist für die Wissenschaft!

MATERIAL

- 3 durchsichtige Plastikbecher
- wasserfester Stift
- entrahmte Milch
- Notizblock und Stift

So geht's:

1 Beschrifte die Becher: 1, 2, 3.

2 Gib die gleiche Menge Milch in jeden Becher (ca. zwei Zentimeter hoch reicht).

3 Stell die Becher an Orte mit verschiedenen Bedingungen: Es kann warm, kalt, feucht oder draußen sein.

4 Sieh einmal am Tag nach den Bechern. Notiere, was du siehst und riechst. Die Nummerierung der Becher hilft dir, deine Beobachtungen zuzuordnen.

5 Nach drei bis vier Tagen sollte die Milch in mindestens einem der Becher fest sein und stinken. Und wenn wir »stinken« sagen, meinen wir stinken. Wirf die Milch weg, sonst stinkt bald das ganze Haus!

6 Stinkt die Milch in allen Bechern, ist dies der süße Duft des wissenschaftlichen Erfolgs! Wo hat sich die Milch am besten gehalten?

Dauer des Experiments: 1 Woche

WARUM ENTRAHMTE MILCH?

Fett hält die Milch länger frisch. Da entrahmte Milch sehr wenig Fett enthält, wird sie schneller schlecht als Milch mit dem vollen Fettanteil.

Die Wissenschaft dahinter

Jede Milch enthält Bakterien. Deshalb wird sie behandelt: Dabei werden Krankheitserreger entfernt, »nette« Bakterien aber drin gelassen. Mit der Zeit verwandeln diese Bakterien Eiweiße in der Milch in eine Chemikalie namens Ammoniak. Und der – du ahnst es schon – STINKT. Und wie! Aus diesem Grund riecht verdorbene Milch so schlecht. Trink sie nicht!

Zudem verklumpt die Milch, sie gerinnt: Dabei trennen sich winzige feste Bestandteile in der Milch von den flüssigen. All das geschieht rascher, wenn es warm ist. Stell die Milch also am besten immer in den Kühlschrank.

Das Etikett lesen

Vielleicht ist dir im Supermarkt auf verpackten Lebensmitteln wie Milch schon mal ein aufgedrucktes Datum aufgefallen. Weißt du, was es bedeutet?

Verkaufsdatum: Danach sollte ein Lebensmittel nicht mehr verkauft werden. Trotzdem ist es noch gut: Es hat erst etwa zwei Drittel seines Lebens hinter sich. Du kannst es also zu Hause noch ein wenig liegen lassen.

Mindesthaltbarkeitsdatum: So lange hält sich das Lebensmittel MINDESTENS. Auch danach ist es noch essbar, schmeckt aber vielleicht nicht mehr so gut.

Verfallsdatum: Bis zu diesem Datum solltest du das Lebensmittel gegessen haben. Danach sieht es vielleicht noch gut aus und riecht auch nicht schlecht, enthält aber möglicherweise gefährliche Bakterien. Deshalb: Ab damit in die Tonne!

ACHTUNG!

Ein Lebensmittel nach dem Verfallsdatum zu essen, kann zu einer Lebensmittelvergiftung führen. Dabei wird man richtig krank. Und das willst du nicht – glaub uns!

Dauer des Experiments: 2 Wochen

Furzdetektiv

Halt die Hose fest, denn wir brechen jetzt ins Reich des Unaussprechlichen auf: ins Reich der FÜRZE! Jene mal leisen, mal lauten, mal unauffälligen, mal nicht zu überriechenden, immer aber peinlichen Ausstöße, die alle von sich geben, auch wenn's hinterher keiner gewesen sein will. Ja, tatsächlich: Deine Mama furzt, dein Lehrer furzt, dein Lieblingsfilmstar furzt, Könige und Königinnen furzen … und DU furzt auch. Ja, DU! Und dieses Experiment wird es beweisen.

MATERIAL

- Notizblock
- Stift
- furzerregende Lebensmittel

FURZERREGENDE LEBENSMITTEL

Nach dem Genuss der folgenden Lebensmittel muss man im Allgemeinen pupsen. Na dann: Los!

- Bohnen (egal welche)
- Milchprodukte (Milch, Käse, Eis)
- Vollkornprodukte (z. B. aus Weizen oder Hafer)
- Gemüse (z. B. Rosenkohl, Weißkohl, Zwiebeln, Brokkoli, Blumenkohl)
- sprudelnde Getränke (egal welche)
- Obst (Äpfel, Pfirsiche, Birnen, Trauben, Pflaumen)

Dem Furz auf der Spur

1 Schreib morgens als Erstes das aktuelle Datum auf Seite 1 deines Notizblocks. Nimm den Notizblock heute überall mit hin.

2 Zücke den Block, sobald du einen fahren lässt, und notiere: Uhrzeit, wie riecht der Furz, wie stark war er. Und alles, was du sonst noch beobachtest.

3 Zähle am Ende des Tages die Anzahl deiner Fürze und halte die Zahl unten auf der Seite fest.

4 Wiederhole die Schritte 1 bis 3 jeden Tag der Woche. Danach hast du einen guten Überblick über deine Furzgewohnheiten.

5 Wähle ein furzerregendes Lebensmittel aus und iss eine gute Portion davon zum Frühstück. Das isst man normalerweise nicht zum Frühstück? Macht nix – tu es für die Wissenschaft!

6 Halte wieder fest, wann und wie du furzt. Furzt du nun häufiger oder übler?

7 Wiederhole die Schritte 5 und 6 mit jeweils anderen Lebensmitteln, solange du möchtest – monatelang, wenn du ein wirklich engagierter Wissenschaftler bist! Deine Familie und Freunde könnten da allerdings anderer Meinung sein …

WUSSTEST DU …?

Leute, die es wissen müssen, haben ermittelt, dass der Mensch durchschnittlich 14-mal am Tag einen fahren lässt. Schießt du da übers Ziel hinaus oder bleibst du leistungsmäßig eher drunter?

Die Wissenschaft dahinter

Das korrekte Wort für Furz ist Blähung. Und Fürze haben gar nichts Geheimnisvolles – es handelt sich dabei lediglich um Gas, das sich im Darm bildet. Ein Teil davon ist Luft, die wir beim Essen und Trinken schlucken, ein anderer Teil wird von Bakterien produziert. Die Darmbakterien zerlegen die Nahrung, und dabei entsteht Gas. Dieses Gas enthält riechende Chemikalien – weshalb Fürze stinken.

Aber warum muss man nach einigen Lebensmitteln mehr furzen als nach anderen? Das liegt zum einen an der Zeit, die es dauert, bis wir das Lebensmittel verdaut haben: Je länger, desto größer die Gasmenge. Bohnen und andere ballaststoffreiche Nahrung bleiben sehr lange im Darm. Es gibt aber auch Unverträglichkeiten. Vertragen wir etwas nicht gut, wird ebenfalls mehr Gas produziert. Das ist von Mensch zu Mensch unterschiedlich – jeder hat sein ganz eigenes Furzprofil!

TAG 1

	GERUCH	STÄRKE	SONSTIGES
8:32	Keiner	2/10	
8:45	Tödlich	7/10	lautlos!
9:30	Fast tödlich	6/10	
10:15	Aber hallo!	3/10	
11:43	Keiner	1/10	Klein
13:18	Geringfügig	6/10	
15:50	Wow!	10/10	LAUT!!!
15:52	Hält an!	5/10	
18:00	Keiner	4/10	mittags

GESAMT: 9

Was war das?!

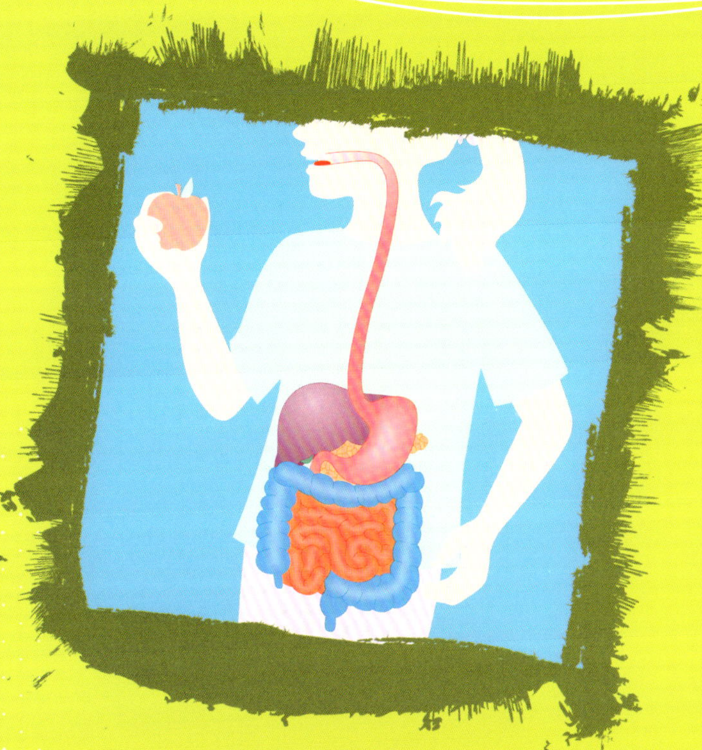

Jetzt weißt du also, wie Fürze zustande kommen ... Doch warum machen sie auch noch so peinliche Geräusche?! Finden wir es heraus!

Damit es aus dem Darm gelangt, geht das Gas erst einmal in den Enddarm über. Anschließend verlässt es den Körper über den Darmausgang (wie die Kacke auch). Dabei können Haut und Muskeln an dieser Stelle vibrieren. Und das wiederum erzeugt Schallwellen, die wir als Knattern, Tröten oder Ähnliches hören!

Oder auch nicht. Manchmal macht ein Furz überhaupt kein Geräusch. Das hängt von Menge und Geschwindigkeit des Gases ab. Wenig Gas und langsam = Keiner hat's gemerkt. Viel Gas und schnell = Die Nachbarn wollten eigentlich noch ein bisschen schlafen! Tschuldigung ...

WIR HABEN DICH GEWARNT!

Viel Luft schluckt man, wenn man zu schnell isst, sprudelnde Getränke trinkt, Kaugummi kaut und harte Süßigkeiten lutscht. Wenn du das tust, dann mach dich auf stinkende Konsequenzen gefasst!

Geruchsdetektor

Wenn du etwas riechst – ob es nun duftet oder stinkt –, was genau passiert dann eigentlich? Mit diesem Experiment findest du es heraus. Also: Nasenflügel aufgespannt, und los geht's!

MATERIAL

- 1 TL Parfüm
- Behälter mit Deckel
- Maßband
- Stoppuhr
- Notizblock
- Stift

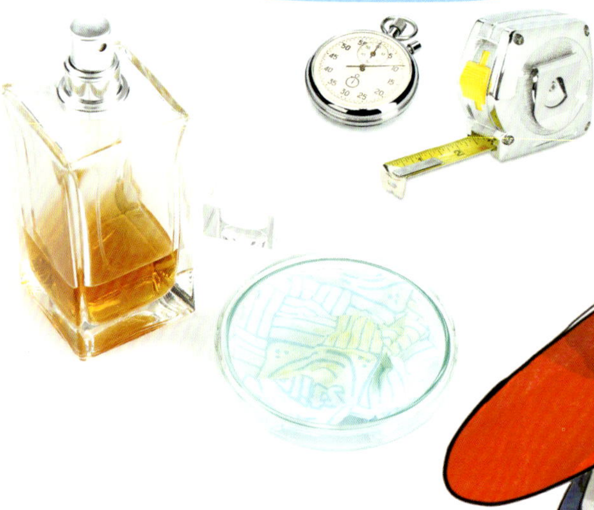

So geht's:

1 Gib etwas Parfüm – es sollte nicht gerade das teuerste deiner Mutter sein – in den Behälter und verschließ ihn.

2 Stell den Behälter in die Ecke eines anderen Raums, denn der erste riecht nun schon nach dem Parfüm.

3 Miss mit dem Maßband einen Abstand von drei Metern von dem Behälter ab und bitte einen Freund, sich genau dorthin zu stellen. Bitte ihn auch, dir zu sagen, wann er etwas riecht.

4 Öffne den Behälter und drücke gleichzeitig auf die Stoppuhr.

5 Drück die Stoppuhr wieder, sobald dein Freund etwas gerochen hat. Schreib die Zeit auf deinen Notizblock.

6 Teile die Zahl der Sekunden durch 3, um herauszufinden, wie schnell der Geruch den Weg zur Nase deines Freundes zurückgelegt hat. Waren es z. B. 21 Sekunden, hat er sieben Sekunden pro Meter gebraucht.

EXTRATIPP

Bitte einen Erwachsenen um das Parfüm, denn du willst bei diesem Experiment NICHT herausfinden, was passiert, wenn du das teure Zeug nimmst!

RIECH-GESCHWINDIGKEIT

Wiederhole das Experiment mit mehreren Leuten. Wechsle dabei auch immer den Raum, damit deinen Testpersonen der Duft erst dann in die Nase weht, wenn du den Behälter öffnest. Woran könnte es liegen, dass die Geschwindigkeiten unterschiedlich sind?

Die Wissenschaft dahinter

Du weißt, was Moleküle sind: die klitzekleinen Teilchen, aus denen alles besteht. Manche Stoffe klammern sich ziemlich an ihre Moleküle, andere nicht – ihre Moleküle entweichen ständig in die Luft und lassen sich dort treiben. Hin und wieder treiben sie dabei auch in die Nase eines Menschen, wo sie ganz weit hinten auf Geruchsrezeptoren treffen und an sie andocken. Die Rezeptoren »lesen« die Moleküle, um sie erkennen zu können. Diese Information schicken sie anschließend ans Gehirn. Und das wiederum informiert dich darüber, was du gerochen hast: frisches Brot, Knoblauch, Hundekacke … woher auch immer die Moleküle eben stammen.

DENK MAL DRÜBER NACH

Es ist sehr unwahrscheinlich, dass du jedes Mal die gleiche Zeit gemessen hast. Denn einerseits haben manche Menschen einen besseren Geruchssinn als andere, dafür kann man nichts. Andererseits ist auch wichtig, wo du gemessen hast. Warum? Hier ein paar Vorschläge:

- Deckenhöhe des Raums
- geöffnete oder geschlossene Fenster
- Temperatur im Zimmer
- Möbel/Vorhänge/Teppiche

Fällt dir noch etwas anderes ein?

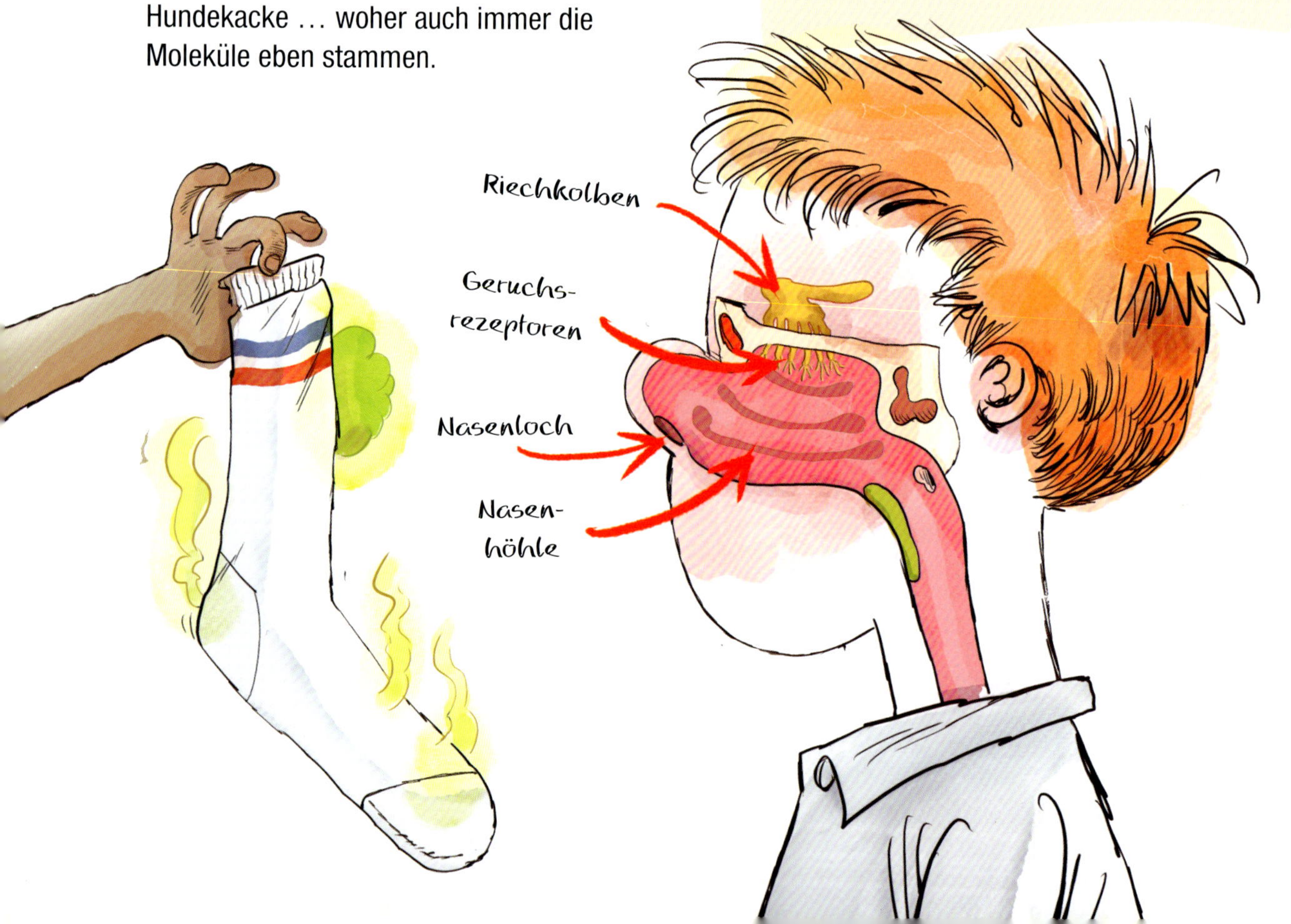

Stinktiere

Stinktiere sind die ganz großen Stinker des Tierreichs. Die schwarz-weiß-farbenen schlimmen Finger produzieren in Drüsen an ihrem hinteren Ende eine schwefelhaltige Flüssigkeit. Und Schwefel STINKT, und zwar SCHRECKLICH! Es kann dir also keinesfalls entgehen, wenn ein Stinktier in der Nähe ist …

Es wäre ja alles halb so schlimm, wenn der Geruch einfach ausströmen würde. Dann könnte man noch schnell weglaufen. Aber neeeeein! Das Stinktier hebt den Schwanz, zielt mit seinem Hintern und FEUERT die stinkige Ladung regelrecht auf sein Ziel ab. Und die Tiere treffen auf eine Entfernung von bis zu sechs Metern! Dem Gestank entkommt so leicht keiner, so viel ist sicher.

Sollte dir (oder deinem neugierigen Hund) dieses Missgeschick einmal passieren, hilft ein Bad mit Backpulver und Wasserstoffperoxid. Doch am besten versuchst du, Stinktieren ganz aus dem Weg zu gehen!

WUSSTEST DU …?

Was da so stinkt, nennt man übrigens Thiol. Thiol ist eine Art von Schwefel, der an Wasserstoff und Kohlenstoff gebunden ist. Der Schwefel verleiht dem Thiol seinen besonders widerlichen Geruch. Außer dem Zeug, das Stinktiere verspritzen, enthalten noch viele andere Dinge Thiole.

Mumifizierter Fisch

Dauer des Experiments: 2–3 Wochen

Es ist Zeit für das große Finale unserer schleimigen, krachenden, stinkenden Reise! Dieses Experiment ist etwas anders: Hier produzierst du nicht etwas Ekliges, sondern du nimmst einen toten Fisch und machst ihn wieder uneklig – du MUMIFIZIERST ihn!

MATERIAL

- Gummihandschuhe
- 2 kg Natron
- 1 Behälter; er muss so groß sein, dass der Fisch der Länge nach hineinpasst
- 1 ausgenommener Fisch, 12–15 cm lang
- 1 Pinsel
- Teller

EXTRATIPP

Als Allererstes musst du die Gummihandschuhe anziehen. Schließlich experimentierst du hier mit einem toten Fisch.

So geht's:

1 Schütte das Natron etwa drei Zentimeter hoch in den Behälter.

2 Leg den Fisch hinein und fülle ihn auch innen mit Natron.

3 Bedecke den Fisch drei Zentimeter hoch mit Natron.

4 Nun heißt es: warten! Stell den Behälter ohne Deckel eine Woche an einen trockenen Ort – und LASS IHN IN RUHE!

5 Nimm den Fisch aus dem Behälter und schütte das Natron aus dem Fisch heraus. Bürste ihn mit einem Pinsel gründlich ab.

6 Wiederhole die Schritte 1 bis 3 mit frischem Natron (aber nicht mit einem frischen Fisch).

7 Nun heißt es wieder: WARTEN (sorry). Dieses Mal sogar eine Woche bis zehn Tage.

8 Zieh dir noch einmal die Gummihandschuhe an. Nimm den Fisch aus dem Natron und bürste ihn ab.

9 Und endlich ist es soweit! Jetzt sollte der Fisch vollständig ausgetrocknet sein. Leg ihn auf einen Teller und untersuch ihn nach Herzenslust. Du hast gerade deine erste eigene Mumie hergestellt!

AUSGENOMMEN

Bei einem Fisch bedeutet das, dass er gesäubert wurde und dass die Eingeweide entfernt wurden. Einen kleinen ausgenommenen Fisch bekommst du schon für relativ wenig Geld im Supermarkt.

Die Wissenschaft dahinter

Natron hat beinahe magische Saugfähigkeiten. Aufgrund der Anordnung seiner Moleküle kann es eine große Menge Wasser aufsaugen, ohne dabei selbst allzu nass zu werden. Die Feuchtigkeit im Fisch geht auf das Natron über, und der Fisch dehydriert (das ist die schicke wissenschaftliche Bezeichnung für austrocknen).

Aber warum fault der Fisch nicht? Aus zwei Gründen. Erstens brauchen Fäulnisbakterien und -pilze Wasser, um zu funktionieren. Das Austrocknen macht ihnen also einen Strich durch die Rechnung (hähähä!). Und zweitens hält die Natronschicht Bakterien und Pilze von außen vom Fisch fern. So findet kein Zersetzungsprozess statt, und du hast am Schluss eine harte, trockene, geruchlose und unglaublich coole Fischmumie.

Menschen-mumie

Die alten Ägypter waren geradezu berühmt für ihre Mumien. Sie glaubten, die Menschen bräuchten ihren Körper im Leben nach dem Tod noch, weshalb sie die Leichen wichtiger Persönlichkeiten mumifizierten. Es war eine Ehre, mumifiziert zu werden!

Dabei sind sie fast so vorgegangen wie du eben mit dem Fisch. Zuerst entfernten sie die inneren Organe. Dann füllten sie alle Hohlräume im Körper mit Natron, das sie am Ufer des Nils fanden. Anschließend wurde auch der ganze Körper von Natron umhüllt und 70 Tage in Ruhe gelassen. War der Trocknungsprozess abgeschlossen, säuberte man den Körper, stopfte ihn mit Leinen und Sand aus, um ihn in Form zu bringen, und umwickelte ihn mit Tüchern. Fertig war die Mumie!

Das Verfahren war so effektiv, dass die Mumien manchmal Tausende von Jahren hielten. Viele von ihnen gibt es sogar heute noch.

WIE ALT?

Die ältesten menschlichen Mumien sind fast 7000 Jahre alt. Ob dein Fisch wohl auch so lange hält? Wart's nur ab!

Zum Weiterforschen

Gut, du kannst die Wäscheklammer jetzt von der Nase nehmen … und dir vielleicht auch noch mal die Hände waschen. Du bist am Ziel deiner schleimigen, krachenden, stinkenden Reise – was aber noch lange nicht heißt, dass der Spaß nun vorbei wäre! Es gibt noch viel zu entdecken, sei es in der Stadtbücherei oder im Internet. Und vielleicht willst du mal »echte« Experimente machen, wie die Großen? Hier haben wir ein paar Tipps für dich.

https://www.phaenomenta-flensburg.de/
Ein Wissenschafts-Center in Flensburg. Ausstellungen, Workshops, Experimente …

http://www.mathematikum.de/
Museum für Mathematik in Gießen. Alles zum Anfassen!

http://www.deutsches-museum.de/angebote/schule-im-museum/
Physik, Umwelt, Technik für Fortgeschrittene im Deutschen Museum in München.

https://ars.electronica.art/center/de/schools/
Physik und Elektronik in Linz (Österreich). Forschungsgruppen für Schulkinder

INTERNETSICHERHEIT

Kinder sollten nie allein im Netz surfen, insbesondere dann nicht, wenn es sich um eine bislang noch nicht genutzte Webseite handelt. Der Verlag und seine Beauftragten sind für den Inhalt der genannten Seiten nicht verantwortlich.

Kleines Glossar

ATOME
Winzige Teilchen, aus denen alles besteht.

BAKTERIEN
Mikroskopisch kleine, einzellige Organismen. Es gibt nützliche Bakterien (die uns z. B. beim Verdauen helfen) und schädliche (die z. B. Krankheiten verursachen).

BASE
Chemische Substanz, die sich meist glitschig anfühlt, etwa wie Flüssigseife.

DEHYDRATION
Einer Substanz oder einem Gegenstand Wasser entziehen.

INDIKATOR
Substanz, die in Anwesenheit einer Säure oder Base ihre Farbe ändert.

MIKROSKOPISCH
Zu klein, um ohne Mikroskop gesehen werden zu können.

MINERAL
Eine natürlich vorkommende feste Substanz, die weder ein Tier noch eine Pflanze ist.

MOLEKÜL
Mehrere Atome aneinander, die die kleinste Einheit einer chemischen Verbindung bilden.

ORGANISCH
Substanz, die das Element Kohlenstoff enthält. Alle bekannten Lebensformen umfassen organische Bestandteile.

PILZE
Organismen wie Schimmel oder Hefe, die vom Zersetzen organischen Materials und dessen Nährstoffen leben.

POLYMER
Ein Stoff, dessen Moleküle aus miteinander verketteten Einheiten bestehen.

REAKTION
Chemische Veränderung beim Zusammentreffen zweier Substanzen.

REIBUNG
Widerstand, der entsteht, wenn zwei Gegenstände aneinander gerieben werden.

REZEPTOR
Organ oder Zelle, das/die z. B. auf Licht, Wärme oder Geruch reagiert und ein Signal an einen Sinnesnerv sendet.

SÄURE
Chemische Substanz, die oft sauer schmeckt, z. B. Zitronensaft. Starke Säuren können Metall zersetzen.

SPORE
Fortpflanzungskörper (wie ein Same) bestimmter Organismen wie z. B. Schimmel.

WASSERDAMPF
Gasförmiges Wasser.

ZERLEGEN
Abbau eines Gegenstands bis zu den chemischen Elementen hinunter, aus denen er besteht.

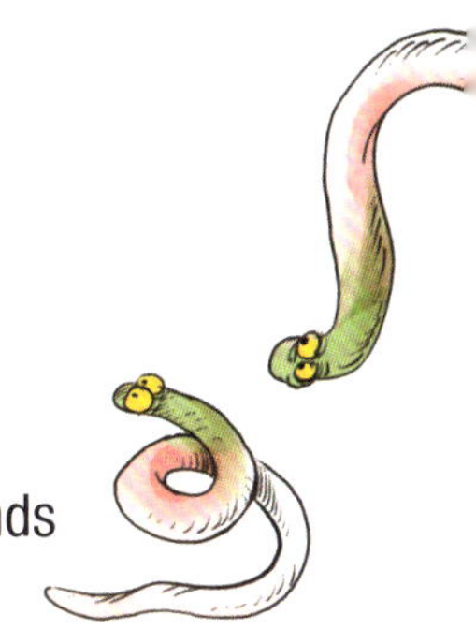

Register